AF457786

29 avril 1881

P 99. IV. 5

# CATALOGUE

DE

# TABLEAUX MODERNES

PAR

**DIAZ — COROT — DAUBIGNY — CHINTREUIL**

J. L. BROWN.
DAMOYE.
FEYEN-PERRIN.
V. GILBERT.
L. GOUPIL.
HAREUX.
ISABEY.
JACQUE.
LINDER.
MIRALLÈS.
PELOUSE.
PINCHART.
PRIOU.
RONGIER.
ROYBET.
A. ET H. SCHEFFER.
VEYRASSAT.
VOLLON.

ET DE

## QUELQUES TABLEAUX ANCIENS

PAR

BERRÉ, DROLLING, VAN FALENS, DE HONDT, PRUD'HON, JOSEPH VERNET

*Composant la Collection de M. G.*

DONT LA VENTE AURA LIEU

HOTEL DROUOT, SALLE N° 3

**Le Vendredi 29 Avril 1881**

A DEUX HEURES 1/2.

COMMISSAIRE-PRISEUR
Me PAUL GÉRARD
3 *bis*, rue Labruyère.

EXPERT
M. CH. GEORGE
12, rue Laffitte.

*Chez lesquels se distribue le Catalogue.*

EXPOSITION PUBLIQUE : Jeudi 28 Avril 1881

DE UNE HEURE A CINQ HEURES

Yd1 8
D. 5412

# CONDITIONS DE LA VENTE

Elle sera faite au comptant.

Les acquéreurs payeront *cinq pour cent* en sus des adjudications.

Paris. — Imprimerie Pillet et Dumoulin, 5, rue des Grands-Augustins.

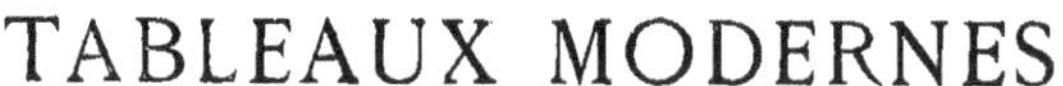

# TABLEAUX MODERNES

# TABLEAUX MODERNES

---

## BROWN

(JOHN-LEWIS)

1 — *La Prise du Cerf.*

Les chasseurs entourent un étang où le cerf s'est réfugié, cerné par les chiens.

Un chasseur le poursuit dans une barque.

Haut., 46 cent.; larg., 55 cent.

## BROWN

(JOHN-LEWIS)

2 — *La Prise du Renard.*

La chasse est terminée. Un piqueur, le cor sur l'épaule, est descendu de cheval, et, entouré par la meute, il tient le renard à bout de bras.

Haut., 46 cent.; larg., 55 cent.

## BROWN

(JOHN-LEWIS)

3 — *Les Chevaux au pâturage.*

Haut., 25 cent.; larg., 20 cent.

## CHINTREUIL

(ANTOINE)

4 — *Le Repos du Berger.*

Au soleil levant, les moutons sont disséminés dans la prairie. Dans le lointain, un cours d'eau bordé de peupliers qui s'estompent dans la brume du matin.

Haut., 42 cent.; larg., 1 m

## COROT

(CAMILLE)

5 — *Matinée.*

Une femme lie un fagot sur la lisière d'un bois; au fond, un cours d'eau, un arbre au feuillage léger et une cabane enfouie sous la verdure. Ciel chargé de vapeurs blondes.

Haut., 33 cent.; larg., 46 cent.

## DAMOYE

(PIERRE-EMMANUEL)

6 — *Vaches au pâturage.*

Haut., 34 cent.; larg., 60 cent.

## DAUBIGNY

(CHARLES)

7 — *Les Bords de l'Oise.*

Une péniche remonte la rivière bordée de saules et de massifs de verdure.

Haut., 39 cent.; larg., 70 cent.

## DAUBIGNY

(CHARLES)

8 — *Cours d'Eau.*

Haut., 39 cent.; larg., 66 cent.

## DAUBIGNY

(CHARLES)

9 — *Les Bords de l'Oise.*

Étude.

Haut., 25 cent.; larg., 40 cent.

## DIAZ DE LA PENA

(NARCISSE)

10 — *La Promenade.*

Une jeune femme, costumée à l'orientale, se promène dans le bois, la main appuyée sur l'épaule d'une petite fille qui relève gracieusement la tête en souriant à ses caresses; un chien les accompagne.

Superbe tableau du maître.

A figuré à l'exposition des œuvres de Diaz.

Haut., 49 cent., larg., 30 cent.

## DIAZ DE LA PENA

(NARCISSE)

11 — *Le Repos des nymphes.*

Une lumière douce, tamisée par le feuillage, éclaire le groupe des nymphes : deux sont assises sur le gazon et se font des confidences; une troisième est debout se livrant aux caresses de l'Amour.

Le jour touche à sa fin; un dernier rayon de soleil traverse le ciel à l'horizon.

Ce tableau a figuré à l'exposition des œuvres de Diaz.

Haut., 35 cent.; larg., 43 cent.

## DIAZ DE LA PENA

(NARCISSE)

12 — *La Jeune Fille au chien.*

Une villageoise portant un chien dans ses bras, suit un sentier semé de roches, à travers bois.

A figuré à l'exposition des œuvres de Diaz.

Haut., 46 cent.; larg., 32 cent.

## DIAZ DE LA PENA

(NARCISSE)

13 — *Forêt de Fontainebleau.*

Une villageoise suit un sentier à travers la bruyère semée de rochers.

Des bouquets d'arbres séparent le premier plan baigné d'ombres, des lointains ensoleillés.

Haut., 60 cent.; larg., 42 cent.

## DIAZ DE LA PENA

(NARCISSE)

14 — *Le Buisson.*

Au milieu des rochers et des bruyères s'élève un épais taillis de broussailles, se découpant en vigueur sur un ciel lumineux.

Haut., 32 cent.; larg., 44 cent.

## DIAZ DE LA PENA

(NARCISSE)

15 — *Sous Bois.* 2.200

Le soleil se joue sur le feuillage d'un hêtre au milieu de la clairière.

Haut., 43 cent.; larg., 55 cent.
3.000

## DIAZ DE LA PENA

(NARCISSE)

16 — *La Mare aux Vaches.* 1.100

Trois vaches viennent s'abreuver à une mare sur la lisière d'un bois.

Haut., 12 cent.; larg., 19 cent.
1.200

## DIAZ DE LA PENA

(NARCISSE)

17 — *Villageoise dans le bois.* 670

Haut., 48 cent.; larg., 29 cent.
1.500

## DIAZ DE LA PENA

(NARCISSE)

18 — *Sous Bois.*

Haut., 46 cent.; larg., 39 cent.

## EDELFELD

(ALBERT)

19 — *Un Miquelet.*

Vu de profil, en pied, en costume bleu, s'appuyant sur une épée à deux mains.

Haut., 85 cent.; larg., 26 cent.

## FEYEN-PERRIN

(FRANÇOIS-NICOLAS-AUGUSTIN)

20 — *Les Pêcheuses.*

Au haut de la falaise, deux jeunes pêcheuses : l'une debout, l'autre assise. La première regarde au loin un bateau qui rentre au port, tandis que sa compagne l'interroge du regard.

Haut., 30 cent.; larg., 22 cent.

## GILBERT

(VICTOR)

21 — *Goûter au Malaga.*

Sur un plateau d'argent des bonbons, des gâteaux, une carafe de malaga, un verre à demi plein, une timbale renversée. Dans une coupe en vieil argent, des fruits glacés et confits.

Haut., 50 cent.; larg., 60 cent.

## GILBERT

(VICTOR)

22 — *Le Marché aux légumes.*

Au premier plan un balayeur cause avec les marchandes de légumes, abritées sous de larges parapluies.

A droite, une bonne fait son marché.

Haut., 45 cent.; larg., 60 cent.

## GILBERT

(VICTOR)

23 — *Nature morte.*

Sur une table de cuisine, trois poissons de mer, une manne et un couteau.

Haut., 55 cent.; larg., 1 m.

## GOUPIL

(LÉON)

24 — *Tête de jeune Femme.*

Blonde, coiffée d'un béret rouge, les épaules couvertes de fourrure.

Haut., 40 cent.; larg., 32 cent.

## HAREUX

(ERNEST-VICTOR)

25 — *Marrons grillés.*

Haut., 46 cent.; larg., 60 cent.

## ISABEY

(EUGÈNE)

26 — *Hameau en Normandie.*

Plein soleil au bord de la mer.

Haut., 35 cent.; larg., 53 cent.

## ISABEY

(EUGÈNE)

27 — *Dame en promenade.*

Esquisse.

Haut., 33 cent.; larg., 25 cent.

## ISABEY

(EUGÈNE)

28 — *Dame Louis XV dans un parc.*

Esquisse.

Haut., 33 cent.; larg , 25 cent.

## JACQUE

(CHARLES)

29 — *Le Poulailler.*

Les poules sont blotties au soleil sur la paille de la cour. Le coq chante auprès d'une petite mare.

Haut., 22 cent.; larg., 31 cent.

## JACQUE

(CHARLES)

30 — *Deux Moutons dans une bergerie.*

Haut., 23 cent.; larg., 33 cent.

## JACQUE

(CHARLES)

31 — *Moutons dans la prairie.*

Haut., 25 cent.; larg., 30 cent.

## LINDER

(PHILIPPE-JACQUES)

32 — *La Baigneuse.*

Une jeune fille, sortant du bain, se repose sur un banc, enveloppée dans une étoffe japonaise.

Haut., 25 cent.; larg., 18 cent.

## LINDER

(PHILIPPE-JACQUES)

33 — *Fantaisie.*

Une jeune femme dans la prairie, tenant son éventail sur la hanche, chasse un papillon avec la fumée de sa cigarette.

Haut., 50 cent.; larg., 34 cent.

## MIRALLÈS

(FRANÇOIS)

34 — *Jeune Femme en promenade.*

Coiffée d'un chapeau noir, les épaules enveloppées d'un châle à fleurs, elle se promène rêveuse et mélancolique.

Haut., 35 cent.; larg., 26 cent.

## PELOUSE

(GERMAIN)

35 — *Plaine inondée en Hollande.*

Haut., 38 cent.; larg., 55 cent.

## PINCHART

(ÉMILE-AUGUSTE)

36 — *Le Modèle.*

L'artiste est assis dans son jardin sur un tabouret. Il copie son modèle : une jeune femme en toilette Louis XV, debout sur un tapis rouge.

Haut., 48 cent.; larg., 38 cent.

## PRIOU

(LOUIS)

37 — *Jeune Satyre dansant.*

Haut., 40 cent.; larg., 21 cent.

## RONGIER

(JEANNE)

38 — *Un vieux reître.*

Haut., 14 cent.; larg., 11 cent.

## ROYBET

(FERDINAND)

39 — *Gentilhomme en costume Louis XIII.*

La mine fière, l'air hautain, un jeune seigneur, coiffé d'un feutre à larges bords, vêtu d'un costume clair, pourpoint rosé et manteau blanc, s'avance, la main appuyée sur son arquebuse.

Haut., 76 cent.; larg., 60 cent.

## SCHEFFER

(ARY)

40 — *Faust.*

Haut., 40 cent.; larg., 27 cent.

## SCHEFFER

(ARY)

41 — *Marguerite.*

Haut., 40 cent.; larg., 17 cent.

## SCHEFFER

(HENRY)

42 — *La Lecture de la Bible.*

Intérieur normand.

Haut., 35 cent.; larg., 27 cent.

## SCHEFFER

(HENRY)

43 — *Le Rêve.*

Haut., 33 cent.; larg., 41 cent.

## VEYRASSAT

(JULES-JACQUES)

44 — *La Moisson.* ×

Haut., 42 cent.; larg., 55 cent.

## VOLLON

(ANTOINE)

45 — *Nature morte.* 2.850

Pêches et raisins dans un plat en faïence de Delft, prunes et melon entamé, sur une table de cuisine.

Haut., 54 cent.; larg., 65 cent.

3000

# TABLEAUX ANCIENS

# TABLEAUX ANCIENS

## BERRÉ

(JEAN-BAPTISTE)

46 — *Pâturage.*

Haut., 23 cent.; larg., 21 cent.

## DROLLING

(MARTIN)

47 — *Le Petit commissionnaire.*

Haut., 32 cent.; larg., 27 cent.

## FALENS

(CARL VAN)

48 — *Halte de chasseurs.*

Haut., 8 cent.; larg., 7 cent.

## HONDT

(LOUIS DE)

49 — *Choc de cavalerie.*

Ce petit tableau très finement peint sur cuivre a été aussi attribué à David Teniers.

Haut., 20 cent.; larg., 30 cent.

## PRUD'HON

(PIERRE)

50 — *Phrosine et Mélidor.*

Tableau gravé.

Haut., 29 cent.; larg., 24 cent.

## VERNET

(JOSEPH)

51 — *Le Vieux Port de Marseille.*

Au premier plan, des pêcheurs amènent une barque sur la plage ; au centre se dresse une vieille tour et sur la gauche, on voit une armée qui défile sur la route de la corniche.

Haut., 50 cent.; larg., 1 m.

www.ingramcontent.com/pod-product-compliance
Ingram Content Group UK Ltd.
Pitfield, Milton Keynes, MK11 3LW, UK
UKHW020529180726
13839UKWH00005B/2393

9 782329 513454